KoLibri

Jaroslav Hašek
Unter Bücherfreunden

Sechs Humoresken
ausgewählt von
Frank Brunner

Nebst einem
Vorwort des Autors
und
Zehn Ratschlägen fürs Leben

Beigegeben vier Illustrationen von
Manfred Feith-Umbehr
und eine
Kleine Anleitung
zur Aussprache tschechischer Namen

KoLibri
verlegt bei Robinson

Aus dem Tschechischen
von Grete Ebner-Eschenhaym
und Ehrenfried Pospisil

Gesetzt aus der 9 Punkt Walbaum
bei Weihrauch in Würzburg.
Gedruckt im Druck- und Verlagshaus Hanau.
Gebunden und fadengeheftet
bei Stürtz, Würzburg

ISBN 3-88592-066-2

Verzeichnis des Inhalts

Da sich kein besserer fand, schrieb der Autor selbst das
Vorwort des Autors
Seite 7

Wie Literatur ins Leben eingreift, zeigt
Der Menschenhändler von Amsterdam
Seite 11

Herr Hašek hat
Schwierigkeiten mit der literarischen Produktion
Seite 19

Frau Rat möchte eine Broschüre veröffentlichen, ihre Festrede auf
Das Jubiläum des Dienstmädchens Anna
Seite 32

Ein Gartenbuch bewirkt
Die Reformbestrebungen des Barons Kleinhampl
Seite 41

Die verschiedensten Probleme hat
Ein Autor blutiger Romane
Seite 49

Robinson Crusoe beschwört den Höhepunkt herauf eines Abends
Unter Bücherfreunden
Seite 56

Statt eines Nachwortes:
Zehn Ratschläge fürs Leben von Jaroslav Hašek
Seite 65

Kleine Anleitung zur Aussprache der tschechischen Namen
Seite 79

Vorwort des Autors

Ein Buch mit einem Vorwort zu versehen, gehört zu den interessantesten literarischen Aufgaben.

Im Vorwort wird der literarische Wert eines Werkes gewürdigt. Gewöhnlich läßt sich der Autor in diesen Zeilen von einem Freund ein Loblied auf sein Schaffen singen.

Mir ist es jedoch nicht gelungen, einen solchen Mann aufzutreiben, und so sehe ich mich genötigt, das Vorwort selbst zu schreiben.

Das Buch, das hiermit den geschätzten Lesern vorgelegt wird, ist wahrhaft geistvoll geschrieben und gehört durch die treffliche Auswahl der hier veröffentlichten Arbeiten, ihren künstlerischen Wert, die hervorragende Ausstattung sowie die

Qualität des Papiers zu den größten Denkmälern der Weltliteratur.

Daher bitte ich die geschätzten Leser, nichts auf die verschiedenen Kritiken zu geben, die nicht mit dem übereinstimmen, was ich hier im voraus behauptet habe.

Ich bin davon überzeugt, daß dieses Buch des beliebten Autors wegen der edlen Tendenz, des brillanten Stils und der sprachlichen Schönheit volles Verständnis, hohe Anerkennung und weite Verbreitung finden wird.

Deshalb bitte ich die geschätzten Leser ehrerbietig, nicht die Kritiken zu beachten, die sicher versuchen werden, anders zu urteilen.

Und nochmals bitte ich die geschätzten Leser, den Leuten, die dieses Buch schmähen sollten, nicht auf den Leim zu kriechen.

Sollte jemand einwenden, wieso es komme, daß ich selbst mein Buch in den Himmel hebe, kann ich erwidern: Wenn einer etwas schreibt, steht er dem entschieden näher als irgendein abseitiger Kritiker.

Da ich eine überaus sorgfältige Erziehung genossen und in der Welt allerlei erlebt habe, kann ich nicht umhin, die Leser mit den von mir gewonnenen Erfahrungen bekannt zu machen.
Mir liegt sehr viel daran, das P. T. Publikum davon zu unterrichten, welch sonderbare Dinge sich in der Welt ereignen, damit die Leser nach der Lektüre dieses Buches neue Kraft und neue Liebe zum Leben schöpfen und sich auf unserer unglücklichen Erdkugel bewegen können, ohne die Hoffnung zu verlieren.
Ich habe diese Auswahl sehr sorgfältig getroffen und habe nicht versäumt, die besten meiner Arbeiten aufzunehmen, um für einen geringen Betrag breitesten Bevölkerungsschichten Unterhaltung und Belehrung zu vermitteln.
Ich möchte wünschen, daß dieses Werk in die Hände aller Lehrer gelangt und daß es zu einem Erziehungsbuch für unsere junge Generation wird.
Daß dieses Buch keine Widmung trägt, ist einzig und allein die Schuld der Leute, die

mir eine zu schäbige Summe angeboten haben, für die ich es nicht widmen sollte. Auf solch niederträchtige Vorschläge konnte ich nicht eingehen.

Bei dieser Gelegenheit erlaube ich mir, die geschätzten Leser darauf aufmerksam zu machen, daß ich für einen gewissen Betrag das Buch mit meiner eigenhändigen Unterschrift und einer Widmung versehe, und zwar nach folgender Taxe:

»Meinem lieben Freunde gewidmet« kostet mit eigenhändiger Unterschrift 50 Kronen.

»Meinem teuren Freunde« kostet mit eigenhändiger Unterschrift 100 Kronen.

»Zur Erinnerung an treue Freundschaft« kostet mit eigenhändiger Unterschrift 200 Kronen.

»Meinem liebsten Freunde zur Erinnerung an treueste Freundschaft« kostet mit eigenhändiger Unterschrift, mit Tusche geschrieben, die auch nach Jahren nicht verblaßt, nur 500 Kronen.

Mit vorzüglicher Hochachtung

Jaroslav Hašek

Der Menschenhändler von Amsterdam

Da ich dem tschechischen Volke nicht anders nützen konnte, entschloß ich mich, es zu belehren. Zu diesem Zwecke gewann ich einen auserlesenen Mann, der bereits dreimal wegen verschiedener Verbrechen in Pankracz gesessen hatte und eine so ausgezeichnete Einbildungskraft besaß, daß man seinesgleichen suchen konnte.

Außerdem verstand er so weit die Feder zu führen, daß er seine Gedanken in eine gewisse Form zu kleiden vermochte, ohne meinem zweiten Mitarbeiter, dem wiederum originelle Gedanken fehlten, im Wege zu sein. Dieser konnte dafür flüchtige Entwürfe und angedeutete Vorfälle sehr rasch, geschickt und fesselnd ausarbeiten. Nachdem ich mich mit beiden geschätzten

Mitarbeitern beraten hatte, erklärte ich ihnen, daß es meine Absicht sei, einen Verlag zu gründen, durch den ich dem tschechischen Leserpublikum spannende Bücher zu liefern gedächte.

Ich setzte also mit beiden einen Vertrag auf, in dem sie sich verpflichteten, mir gegen das herkömmliche Honorar pro Bogen im Laufe von fünf Monaten einen fesselnden Roman zu liefern.

Nach fünf Monaten erschien also in meinem Verlage das erste Heft des Romans »Der Menschenhändler von Amsterdam« oder »Der geheimnisvolle Mord in der dunklen Grotte« oder »Die Schenke zum blutrünstigen Bischof«. Der Roman erschien volle vier Jahre lang wöchentlich in Heften zu achtzig Hellern, so daß er insgesamt zweihundertacht Hefte mit einem Gewicht von achtzehn Kilogramm umfaßte. Welcher Beliebtheit er sich erfreute, beweist am besten der Fall der Lebensmittelhändlerin Vozábová, den ich hier wiedergebe.

František Holan hatte zwölf Kinder und

erwartete soeben das dreizehnte, als der Zeitungsverkäufer das erste Heft des Romans »Der Menschenhändler von Amsterdam« oder »Der geheimnisvolle Mord in der dunklen Grotte« oder »Die Schenke zum blutrünstigen Bischof« überbrachte. Während nun Holan erwartungsvoll dem neuen Familienzuwachs entgegensah, begann er, um sich die Zeit zu verkürzen, das erste Heft begierig zu lesen. Er las mit wachsendem Eifer. Es fing schon sehr schön an: »In einer verborgenen Gasse im Hafenviertel von Amsterdam, wo in jedem Jahr Hunderte von Ausländern im Wasser des Kanals verschwinden, gibt es eine unscheinbare Kaschemme, da kann man Fremdenzimmer mieten. Natürlich wird den Gästen, die hier übernachten, ein Schlafpulver in das Getränk gegeben, und dann ... dann verschwindet das Bett samt dem Gast in die Versenkung im Keller. Ein Schlag, ein letzter gedämpfter Aufschrei ... Neben der Schenke befindet sich ein Fleischerladen. Man verarbeitet und verkauft dort billiges Fleisch, so daß der Laden immer voller Käufer ist. Das Fleisch hat einen eigenartigen Beigeschmack – es ist Menschenfleisch! Wissen Sie, wie das gemacht wird? Im Keller werden die Eingeschläferten umgebracht! Robert Klega konnte sich auf eine fast übernatürliche Weise retten ... « Das war der letzte Satz des Heftes. Nun kaufte der Holan wöchentlich ein Heft, obgleich ihm das schwerfiel, da er dreizehn Kinder zu ernähren hatte. Deshalb schickte er seine Jüngsten sonnabends abwechselnd betteln, um von den Erträgnissen den »Menschenhändler von Amsterdam« kaufen zu können. Aufmerksam las er die bis ins kleinste geschilderten Morde, die so geschickt ausgeklügelt waren, daß jedes Heft mit einem Mordanschlag endete, doch erschlagen wurde das Opfer meist auf den ersten Seiten des nächsten Heftes, und am Schluß dieses Heftes wurde dann der Bandenführer verhaftet, der sich jedoch im vorletzten Satz schon wieder vom Blitzableiter aus dem Gefängnis hinunterließ und über die Mauer sprang. Er sank, von einer Kugel des Aufsehers getroffen, nieder, um sich allerdings zu Beginn des neuen Heftes zur Flucht aufzuraffen und auf einem Schiff, wo der Sturm ihm die Segel aus den Händen riß, einer Schmugglerbande zu begegnen, in deren Anführer er seine einstige Geliebte wiedererkennt, die von einem Grafen de Galois verführt worden war im letzten Satz des vorangegangenen Heftes. – Und so setzte sich das fort.

Die Erzählung von der Schenke »Zum blutrünstigen Bischof« zog sich über ein halbes Jahr hin, weil das Militär und die Gendarmerie den Schatten des »blutrünstigen Bischofs« vergeblich verfolgten. So vergingen vier Jahre über dem eifrigen Lesen des »Menschenhändlers von Amsterdam«. In den Nächten schluchzte Holan über das Schicksal der entflohenen Prinzessin de Galois, der Stiefschwester des Schmugglerhäuptlings, der verkleideten verführten Geliebten des Bandenführers, dessen dunkler Schlupfwinkel von Militär umzingelt worden war und

der, durch einen Wasserfall schwimmend, der Gefahr entkam.
Als František Holan das letzte, zweihundertachte Heft zu Ende gelesen und für den »Menschenhändler von Amsterdam« insgesamt hundertsechsundsechzig Kronen und vierzig Heller ausgegeben hatte, weinte er die Nacht hindurch, und als er an das traurige Ende des Bandenführers dachte, der im letzten Heft aufgehängt worden war, da brach ihm vor Mitleid das Herz. Er hinterließ eine Witwe mit dreizehn unversorgten Kindern. Die Witwe verkaufte nach dem Leichenbegängnis alle zweihundertacht Hefte der Lebensmittelhändlerin von gegenüber, der Frau Vozábová, um eine Krone und vierzig Heller, also achtzehn Kilo Papier zur Verpackung von Selchwaren und ähnlichem zu acht Hellern pro Kilogramm.
Frau Vozábová war eine tüchtige Frau, die zweierlei Arten von Kundschaft hatte: die einen zahlten bar, die anderen ließen anschreiben. Höflich war sie zu allen, doch die bar zahlenden Damen begrüßte sie mit

»Gnädige Frau« und »Küß die Hand«, während sie diejenigen der zweiten Klasse nur mit »Was wünschen Sie, Frau« und »Ich habe die Ehre« ansprach. Andere Unterschiede machte sie nicht.
Diese Frau, die also von der Witwe Holanová zweihundertacht Hefte »Der Menschenhändler von Amsterdam« gekauft hatte, ließ sich das Papier in die Wohnung bringen und nahm sich vor, nach Ladenschluß Tüten daraus zu drehen. Als sie das erste Heft zur Hand nahm, fiel ihr Blick auf die fettgedruckten Buchstaben: »Ha, sie verkaufen Menschenfleisch!« Sie zuckte mit den Achseln, legte das Messer weg und ließ sich über den ungewöhnlichen Verkauf in Kenntnis setzen. Von da an wurde sie ernst. Am nächsten Tag las sie das zweite Heft, das dritte und das vierte, meist drei Hefte täglich, und so vergingen neunzig Tage, bevor sie die zweihundertacht Hefte gelesen hatte.
Von Heft hundertacht an vernachlässigte sie ihr Äußeres und zog sich nicht mehr um.

Am neunzigsten Tage erhielten ihre besten Abnehmerinnen, die für bares Geld einkauften, eine Karte folgenden Inhalts: »Gnädige Frau, ich erwarte heute abend Ihren Besuch, habe eine große Neuigkeit für Sie!«
Als die Kundinnen dann eintrafen, schlug sie eine nach der andern mit der Axt tot.
Nachdem diese Nachricht sich in der Stadt wie ein Lauffeuer verbreitet hatte, war ich genötigt, eine neue Auflage des »Menschenhändlers von Amsterdam« drucken zu lassen.

Schwierigkeiten mit der literarischen Produktion

Heute haben es die Literaten weit besser als vor dem Kriege. Arbeitet ein Nachkriegsschriftsteller fleißig und versteht er zu sparen, so bleibt ihm stets so viel Geld, daß er seinen Bedarf an Mehl, Brot, Zucker und Tabak decken kann; obendrein reicht es noch zu einem Theaterbesuch monatlich. Wenn er kein Gegner von Alkohol ist, sondern ein Glas Wein schätzt oder gar Rum bevorzugt, so hat er heutzutage immerhin die Möglichkeit, das Geld für diese Genüsse schuldig zu bleiben, denn selbst in dieser Hinsicht haben sich die Verhältnisse gebessert.

Die Literaten genießen heute mehr Vertrauen und mehr Achtung als vor dem Kriege.

Früher waren die Verhältnisse eben an-

ders; ich möchte einige Fälle anführen. Damals erschien in Prag die Zeitschrift »Das lustige Prag«, und für diese Zeitschrift schrieb ich Humoresken, drei Stück für zwei Kronen, auf die stets hungrige und durstige Seelen lauerten.
Eines Tages, als ich sechs meiner Humoresken liefern wollte, lehnte es der Verleger ab, mir die vier Kronen zu zahlen. Er wollte lieber einen Vertrag auf zwanzig Humoresken abschließen und diese im voraus bezahlen, jedoch in Ware. Zufällig hatte er eine Anzahl Uhren erstanden, die als Prämien für Abonnenten gedacht waren. (Im Geschäft kosteten sie zwei Kronen das Stück.) Er würde mir für eine Uhr nicht mehr als zwei Kronen berechnen, und ich könnte sofort vierzehn Uhren mitnehmen; eine wollte er mir zugeben, da es sich sonst schlecht rechnen lasse.
Ich schloß mit ihm den Vertrag auf zwanzig Humoresken und verließ den Verlag mit insgesamt vierzehn Uhren.
Draußen erwartete mich schon ein Jüng-

ling, der Gedichte schrieb. Fünf Verse für zwei Heller.
»Was wollen Sie denn mit den Uhren?« sagte dieser lebensunkundige Dichter, der voller Ideale steckte, denn zu jener Zeit gab es noch Idealisten.
»Die Uhren werden wir in Gasthäusern los.«
Der Dichterjüngling errötete. »Und sollten wir sie in Gasthäusern nicht loswerden«, fuhr ich fort, »dann verkaufen wir sie in den Kneipen.«
»Aber ohne mich, es ist Ihnen doch bekannt, daß ich der Dichtervereinigung ›Syrinx‹ angehöre«, erklärte der Jüngling.
»Gut«, sagte ich darauf, »Sie werden die Uhren nicht anbieten, aber Sie begleiten mich.«
Und so kamen wir zunächst »Zum Primas«. Das ist ein Gasthaus, wo sich Fleischer mit schweren silbernen Uhrketten treffen. Einer der Fleischer wollte uns eine silberne Uhr abkaufen; doch beim Aufziehen zog er so kräftig, daß die Feder sprang. Dafür bot er uns großmütig zwei

Glas Bier an. Die Uhr mit der gesprungenen Feder verkauften wir dann für sechzig Heller an einen Herrn, der annahm, sie sei gestohlen.

Danach versuchten wir es im gegenüberliegenden Gasthaus »U Senfloku«, wo man uns mit der Begründung hinauswarf, wir seien Landstreicher und hätten zum Hausieren keine Genehmigung.

Und so trabten wir ins Stadtviertel zu den Weinbergen ins Gasthaus »Zum Hühnerauge«, wo es uns gelang, eine Uhr für eine Krone an einen Studenten zu verkaufen, der seinen Vater erwartete und seine Uhr im Leihhaus versetzt hatte.

In den Weinbergen liefen wir von einem Gasthaus zum andern, doch wir konnten keine Uhr mehr loswerden. So gingen wir nach Prag V, das damals noch in recht zweifelhaftem Rufe und vor seinem Abbruch stand. Dort wurden uns in einer Kneipe zwei Uhren gestohlen.

In einer andern kam ein bemützter Mann auf uns zu und fragte, woher wir stammten. Dann zog er ein Notizbuch aus der

Tasche, blätterte darin und sagte: »Das stimmt.«
Dabei packte er uns am Kragen und übergab uns der Polizeiwache, wo wir bis zum nächsten Morgen warten mußten, weil der Verleger, von dem ich die Uhren hatte, nicht zu Hause war.
Als der uns am nächsten Tag vom Verdacht des Diebstahls befreit hatte, war er großherzig genug, die restlichen Uhren für den halben Preis zurückzunehmen, also für fünfzig Kreuzer je Stück.
Während er mir den unscheinbaren Betrag auszahlte, betonte er so nebenbei: »Vergessen Sie mir die zwanzig Humoresken nicht!«
Als ich einige Tage später zweie ablieferte, mahnte er nachdrücklich: »Vergessen Sie es nicht, Sie schulden mir noch achtzehn Humoresken!«
Er wartet noch heute darauf.

Ein anderer Fall. Meine Erzählung war in einer großen Zeitschrift veröffentlicht worden. Als argloser Mensch glaubst du,

daß man sofort bezahlt, wenn du nur erwähnst: »Gestern ist meine Erzählung erschienen, ich komme um mein Honorar.«
Da war dieser oder jener nicht da, und »Kommen Sie morgen!« Sollte einem endlich an der Kasse der Betrag von fünf Kronen und zweiundzwanzig Hellern ausgezahlt werden, dann legte der Kassierer sechs Kronen hin und verlangte den Rest zurück. Natürlich hattest du meist kein Kleingeld bei dir, so daß du wie ein Spitzbube angeschrien wurdest: »Bringen Sie gefälligst Wechselgeld mit!« Nun liefst du in Prag umher, um dir achtundsiebzig Heller auszuleihen, damit du deine fünf Kronen und zweiundzwanzig Heller in Empfang nehmen konntest.
Wie gesagt, heute ist es weit besser!

Mit Buchverlegern hatte man auch seine Sorgen. Für einen Bogen bekam man zweiunddreißig Kronen. Verlangte man höflich einen Vorschuß, so wurde einem das Geld kronenweise ausgehändigt. Die

Verleger schämten sich nicht, wenn man den verrückten Einfall hatte, an Stelle des Honorars Bücher zu nehmen, den Ladenpreis zu berechnen. Selbstverständlich verblieben den Verlegern dabei sechsundsechzig Prozent, wobei diese Herren so durchtrieben waren, einem noch zu versichern: »Wissen Sie, wir würden Ihnen das Geld geben, befürchten aber, Sie könnten es zu rasch vergeuden.«
Wollte man für eine Arbeit Vorschuß erbitten, mußte man allerlei Schliche ersinnen. Die Umstände zwangen die Literaten zum Lügen, zwangen sie, die unmöglichsten Dinge auszuklügeln, und nur der angeborene anständige Charakter bewahrte unsereinen vor dem Gefängnis von Pankracz.
Einmal wollte ich fünfundzwanzig Kronen Vorschuß auf mein Buch haben, und da dachte ich mir folgendes aus: Ich schickte meinen Freund Gustav R. Opočenský, den bekannten Lyriker, zu meinem Verleger mit folgendem Schreiben:

»Sehr geehrter Herr!
Soeben wurde ich von einem Auto überfahren, wobei ich mir ein Bein gebrochen habe. Ich erbitte fünfundzwanzig Kronen Vorschuß auf mein Honorar.«
Opočenský kehrte ohne Geld zurück mit der Antwort: »Erklären Sie näher, wozu Sie die fünfundzwanzig Kronen brauchen.«
Ich antwortete: »Für die Spesen, die mich die Überführung von der Straße in meine Wohnung kostet.«
Er kam mit der Antwort: »Rettungswagen bringt Sie unentgeltlich nach Hause.«
Ich schrieb wieder: »Die Rettungswagen überführen nur ins Krankenhaus. Da ich mir die Behandlung zu Hause vorbehalte, fuhr der Krankenwagen ohne mich wieder ab.«
Opočenský kehrte diesmal schmunzelnd aus dem Verlag zurück. Er brachte zehn Kronen mit, dazu die Randbemerkung: »Zehn Kronen genügen auch.«
Es waren Zeiten voller Kämpfe, die jetzt der Geschichte angehören. Bis auf einen

Fall, der als ein Abglanz alter Zeiten mich bis zum heutigen Tage mit einer unheimlichen Vorkriegsstimmung verfolgt.
Soeben erscheinen einige Bücher von mir. (Ohne mich loben zu wollen, sie gefallen mir besonders gut.)
Eines von ihnen erscheint im Selbstverlag: »Die Abenteuer des braven Soldaten Schwejk während des Weltkrieges«. Dieses Werk propagiere ich nun in der Provinz. Da bot sich liebenswürdigerweise ein Herr an, das in Heften erscheinende Buch nach Budweis mitzunehmen, um die dortigen Buchhändler dafür zu gewinnen. Von seiner Werbereise übersandte er ein Schreiben, das ich auszugsweise wiedergebe: »... Als ich beim Buchhändler Svátek vorsprach, wurde mir gesagt, er habe bereits ein Heft aus Prag erhalten und sei froh darüber, denn nun wüßte er, wo sich Herr Hašek aufhalte. Er sagte, dieser Herr habe am 21. April 1915, als er als Einjährig-Freiwilliger in Budweis diente und bevor er an die Front ging, mit ihm einen Vertrag geschlossen, Humoresken

aus dem Soldatenleben zu schreiben, und sich dazu verpflichtet, diese Humoresken zehn Jahre lang keinem andern Verleger anzubieten, als eben Herrn Svátek. Herr Hašek sei in Gefangenschaft geraten und dadurch seiner Verpflichtung natürlich nicht nachgekommen; doch müsse er nun den Vertrag einhalten, ansonsten müßte Herr Svátek die Angelegenheit rechtlich von einem Advokaten klären lassen. Er wundere sich, daß Herr Hašek diese Verpflichtung vergessen habe. Sollte es aber Herrn Hašek gleichgültig sein oder er nur so tun, als wüßte er nicht, daß wir alle Paragraphen aus dem alten Österreich übernommen haben, so gebe er mir den guten Rat, die Werbetätigkeit einzustellen, da die Hefte ohnedies beschlagnahmt würden ...«

Die Uhrengeschichte wiederholte sich ... Wie Faust hatte ich meine Seele verschrieben, und das für einige fünfzig Kronen am 21. April 1915. Und die Person, der ich mich verschrieben habe, beschützte mich im ärgsten Schlachtgetümmel!

Nun holt sie sich mit Hilfe eines Anwalts meine Seele.
Nicht einmal Weihwasser kann mir da helfen ...

Das Jubiläum des Dienstmädchens Anna

Die Vorsitzende des Vereins zum Schutze der Dienstmädchen, Frau Rat Krausová, bereitete für den kommenden Tag eine Ansprache vor.

Seit fünfzig Jahren war das Dienstmädchen Anna in der Familie der stellvertretenden Vorsitzenden dieses Vereins, der Frau Tichová, tätig gewesen. Morgen sollte Anna ihr Dienstjubiläum feiern. Sie war inzwischen fünfundsiebzig Jahre alt geworden und hatte stets treu und brav gedient.

Dafür sollten ihr ein goldenes Verdienstkreuz, ein goldenes Zehnkronenstück, eine Tasse Trinkschokolade und zwei Mohrenköpfe überreicht werden. Aber das war nicht alles. Sie wird noch die feierliche Ansprache der Frau Rat zu hören bekommen und von ihrer Herrin ein Gebetbuch erhalten.

Wenn Frau Rat diese Ansprache nur schon fertig hätte! Jetzt mußte sie sogar wegen dieser Dienstmagd ihr Gehirn anstrengen. Sie hatte bereits einige Bogen Papier bekritzelt und immer noch keine zündende Rede zusammengestellt.

Langsam ging sie im Zimmer auf und ab und überlegte. Was sollte sie in dieser Rede alles vorbringen? Daß die Mädchen heute organisiert sind und einen freien Nachmittag und einen freien Abend fordern? Meiner Seel, man könnte wegen der heutigen Dienstmädchen aus der Haut fahren! Früher ging es noch, da durfte man sie ohrfeigen und auf der Stelle hinauswerfen. Heute verklagen sie einen. Frau Rat setzte sich an den Schreibtisch und fuhr sich mit dem Migränestift leicht über die Stirn. Genauso treibt es mein Mädchen, dachte sie empört. Das mißratene Ding hat doch einen Liebhaber, und der borgt ihr Bücher. So ein liederliches Frauenzimmer will sich auch noch bilden!

Der Gedanke war so abwegig, daß Frau Rat erneut nach dem Migränestift greifen mußte.
Man regt sich auf, statt die Rede zu verfassen. Frau Rat hat schon so viele Ansprachen zuwege gebracht, so oft schon im Verein über den Schutz der Dienstmädchen gesprochen, aber es soll etwas Neues sein. Es bleibt nichts anderes übrig, als mit Gott zu beginnen. Gott, das wirkt immer bei diesen Leuten. Bete und arbeite! Wenn sie das nur auf lateinisch wüßte. Aber sie wird ihren Mann fragen, wenn er nach Hause kommt. Sie fängt entschieden mit Gott an: Bete und arbeite!
Frau Rat begann also zu schreiben: »Bete und arbeite! Was für ein schöner Vorsatz! Ohne Gebet ist kein Gelingen, keine ehrliche Arbeit, und ... Und dies erweist sich an unserer Jubilarin. Fünfzig Jahre hat sie fleißig gebetet, und Gott hat sie über die Klippen des Lebens ans Ziel geführt. Heute feiert sie das fünfzigste Jubiläum unermüdlicher Arbeit, und der Lohn harrt ihrer im Himmel und auf Erden ...« (Im

Himmel das Königreich Gottes und auf Erden das goldene Kreuz, das goldene Zehnkronenstück, das Gebetbuch, eine Tasse Schokolade und zwei Mohrenköpfe.)
»Bete und arbeite! Unsere Jubilarin Anna hat fünfzig Jahre treu gearbeitet und erhält nach fünfzig Jahren die Früchte ihrer Arbeit« (das goldene Zehnkronenstück gleich fünfhundert Kreuzer, also für ein Jahr emsiger Arbeit zehn Kreuzer).
»Aber sie hat auch zehn Jahre lang fleißig gebetet, nie getanzt, nie das Theater besucht, nie ein schlechtes Buch gelesen, nur das Gebetbuch, das sie die Achtung und die Liebe zu ihren Brotgebern gelehrt hat: Bete und arbeite. Sie war vorbildlich in ihrer Art, hat nie einen Löffel in den Ausguß rutschen lassen, war nie hoffärtig, hat sich nie mit fremden Dienstmädchen befreundet, hat nie über ihre Herrschaft geredet und ist dem Klatsch aus dem Weg gegangen. Sie hat nie genascht, sondern hat sich durch Gebete gestärkt. Seht auf diese Greisin, meine verehrten Damen!

Sie war gefeit vor den Anfechtungen, sie unterdrückte böse Anwandlungen, sie war fromm, schweigsam, reuevoll, dachte bestimmt oft über die Sünden der Menschen nach und bereitete sich in freien Minuten auf ihren Tod vor, auf den Jüngsten Tag und auf die Vergebung der Sünden und erging sich in religiösen Betrachtungen über ihr bisheriges Leben. Demütig und ergeben diente sie über zwei Generationen der Familie des Kommerzienrats Tichý. Sie war reinen Herzens und von aufrichtiger Gesinnung, sie war dankbar für jeden Bissen, der ihr von ihren Arbeitgebern gereicht wurde, sie küßte stets voll Dankbarkeit die gebende Hand des Herrn und der Herrin. So arbeitete sie fünfzig Jahre in der Familie, hat nie einen Menschen bestohlen, sondern die ihr anvertrauten Sachen liebevoll gehütet. Sie arbeitete für fünf Gulden im Monat und ersparte sich davon noch etwas für die Wallfahrt zum Heiligen Berg, wo sie mit Erlaubnis ihrer Herrschaft jedes Jahr einmal hinpilgern durfte. Und auch von dort brachte sie ihren Brotgebern noch Geschenke mit, die für ihr gutes Herz sprechen. Sie selbst hat einmal gesagt, sie wolle lieber nichts essen und trinken, nur unaufhörlich Gott loben und dabei glücklicher sein, als wenn sie ihrem Leib dienen müsse.«

Frau Rat ruhte ein wenig aus. Das würde morgen zünden. Bestimmt werden die katholischen Zeitungen darüber berichten. Schließlich könnte sie die Rede als eine kleine Broschüre herausgeben unter der Aufschrift: »Mahnung an die Dienstmädchen«. Vielleicht hören sie dann auf, die Löffel in den Ausguß zu werfen, wenn sie das fromme Leben der Jubilarin als Vorbild haben.

In diesem Augenblick trat ihr eigenes Dienstmädchen ins Zimmer und meldete: »Frau Rat Tichová.« Und schon stürzte eine stark parfümierte Frau weinend herein und in die Arme der Vorsitzenden: »Stellen Sie sich nur diese Blamage vor. Unsere Jubilarin ist soeben verstorben!«

Sie hörte auf zu weinen und fuhr erbost

fort: »Ich habe sie gestern abend in den Keller geschickt, einen Korb Kohlen heraufzuholen. Sie wissen doch, mit fünfundsiebzig Jahren will man so einen Dienstboten nicht auf die Straße setzen, aber wenn ich sie füttere, muß sie auch etwas dafür leisten. Und da ist diese Person mitsamt dem Kohlenkorb die Kellertreppe hinuntergestürzt und ist nun tot. Und das vor unserer Feier! Diese Blamage, wenn wir jetzt die Feier absetzen müssen. Ich habe mir eigens deshalb ein Kleid arbeiten lassen ... Das Begräbnis wird mich auch dreißig Gulden kosten, dabei hat sie auf ihrem Sparbuch nur fünfundzwanzig.«

Frau Rat fuhr mit dem Migränestift über ihre Stirn, schaute auf die fertige Ansprache und seufzte: »Das sieht ganz danach aus, als ob diese Person das absichtlich getan hätte.«

Die Reformbestrebungen des Barons Kleinhampl

Baron Kleinhampl war ein sehr kluger Mann, und als er von seiner Tante das Schloß in Bytouchov geerbt hatte, überlegte er Tag und Nacht, wie er seinen neuerworbenen Besitz zweckdienlich umgestalten könnte.
Vor allem fand er, daß die mächtigen alten Eichen im Park dem Schloß die Aussicht nahmen, und so ließ er den Verwalter seines neuen Gutes rufen und gab ihm den Befehl, diese Riesen woandershin zu verpflanzen.
Der Gutsverwalter lief den ganzen Tag verstört umher, und jedesmal, wenn er an den Befehl seines Herrn dachte, war ihm unbehaglich zumute. Wie stellte sich der Herr Baron die Verpflanzung solcher Bäume vor?

Er ließ sich deshalb bei ihm melden und fand ihn in der Bibliothek, vergraben in irgendwelche Fachbücher. Als er ihm schonend beibrachte, hundertjährige Eichen ließen sich nicht mehr verpflanzen, er wüßte nicht, wie man das machen solle, lächelte der Herr Baron überlegen und sagte, er solle ihm mal das große grüne Buch aus dem Bücherschrank holen.

»Das ist ein Gartenbuch, mein Herr«, erklärte der Herr Baron huldvoll, »schlagen Sie es auf, wo das Zeichen ist, und Sie werden sehen, daß es geht; es ist durch Bilder veranschaulicht; lesen Sie nach!«

Und der Verwalter las: »Wie Fuchsien verpflanzt werden. Die Fuchsie nimmt man aus dem Blumentopf und setzt sie mit allen Wurzeln in den neuen ein. Beim Umtopfen ist Vorsicht geboten, damit die Wurzeln nicht verletzt werden.«

»Sie sehen also, mein Lieber, wie einfach das ist. Sie lassen die Eichen ausgraben und setzen sie an die Stelle, die ich Ihnen bestimmen werde. Wir lassen große

Gruben ausheben und setzen die Eichen ein, das geht spielend. Ich habe große Pläne, wie ich meinen Besitz umgestalte. Meine Pläne müssen Sie wohl durchdenken und unermüdlich verwirklichen, sonst verzögert sich die Arbeit. Allerdings wird uns auf den ersten Blick manches beschwerlich erscheinen, kaum durchführbar, so wie die Sache mit diesen Eichen, doch wir haben genügend Fachliteratur zur Hand. Beginnen Sie mit der ältesten Eiche vor dem Schloß. Vorsicht bei den Wurzeln, jede Wurzel muß behutsam aus dem Erdreich gegraben werden. Die Eiche muß man genauso wie die Fuchsie behandeln, Eiche und Fuchsie, beides sind Gewächse.«
Der Herr Baron gefiel sich in seinen Reden, und der Verwalter widersprach nicht.
»Ich will alle Eichen am Teich hinter dem Schloß haben, oder noch besser, wir trocknen den Teich aus und ziehen statt der Fische Eichen groß. Um den Teich herum stellen wir Bänke auf, und dort

werde ich dann nach meiner anstrengenden Arbeit ausruhen. Da fällt mir noch ein: wenn die Eichen gerade blühen sollten, dürften wir sie nicht umpflanzen, in dem Buch steht nämlich, daß man nicht einmal die Fuchsie während der Blütezeit umtopfen darf. Aber ich glaube, daß meine Befürchtung jetzt im Herbst überflüssig ist; nur eines machte mir Kopfzerbrechen: Die Fuchsien sollen in einem warmen Raum umgetopft werden, und das kann man doch mit Eichen nicht tun, obwohl sie auch empfindlich gegen Kälte sind. Aber ich habe eine ausgezeichnete Lösung gefunden. Wir erwärmen während des Umpflanzens das Erdreich rings um die Eichen und stellen zu diesem Zwecke nach der Trockenlegung des Teiches einen kleinen Ziegelbrennofen auf, in dem die Humuserde erwärmt und hinterher in die Grube auf die Wurzeln geschaufelt wird. Das Umpflanzen soll bei Tage geschehen. Nicht einmal die Fuchsie soll nachts umgetopft werden, damit das Grün der Blätter nicht darunter leidet. Ich glaube auch, in der Zeit des Umpflanzens könnte der Regen den Eichen schaden, und deshalb müßten die Arbeiter, falls es regnen sollte, mit Regenschirmen auf den Baum klettern und oben im Wipfel des Baumes mit aufgespannten Regenschirmen so lange sitzen, bis es aufgehört hat zu regnen und die Arbeit beendet ist. Und noch eine Sache möchte ich mit Ihnen besprechen. Da, wo die Eichen gestanden haben, setzen wir nun Dattelpalmen. Welche Freude, wenn wir die erste Ernte einholen können! Im Interesse der Wirtschaft wäre es überhaupt vorteilhafter, nur Datteln zu pflanzen. Ich habe viel darüber nachgedacht und gefunden, wie man bei uns möglichenfalls die Wirtschaft wirklich heben könnte. Warum pflanzt bei uns niemand Datteln? Weil man zu träge ist! Die Datteln, die auf unserem Besitztum reifen werden, wird man in die ganze Welt versenden. Der Boden hier ist doch sehr gut. Gestern war ich draußen auf den Feldern und angenehm überrascht. Ich dachte mir, was das für schöne Rüben sind, und da sagte mir der Aufseher: ›Gestatten Sie, Herr Baron, das sind keine Rüben, das sind Kartoffeln.‹ Daraus ersehe ich, wenn man Kartoffeln mit Rüben verwechselt, wie gut hier der Boden ist. Aber das Kartoffelkraut war sehr vertrocknet und geknickt. Deshalb muß im kommenden Jahr jede Kartoffelpflanze an einer langen Stange festgebunden werden, so, wie man es beim Hopfen oder Wein macht. Es ist auch vorteilhafter, denn die Kartoffel wächst dann an Stauden und muß nicht ausgegraben werden. Erstens geht das Pflücken rascher, und die Kartoffel bleibt sauber. Jeder wird von der Zweckdienlichkeit einer solchen Wirtschaftsweise überzeugt sein. Wir müssen auch mit anbaufähigen Feldern sparen. Warum, zu allen Teufeln, wird auf einem Schlag Weizen, auf dem anderen Roggen, auf dem dritten Hafer und auf dem vierten Gerste gesät? Sie werden das einstellen, Verwalter, und ab sofort alle Sorten Getreidekörner mischen und dann aussäen, so daß auf einem Felde alle Sorten nebeneinander gedeihen. Dadurch wird Platz gespart, und man braucht nicht einen Tag Weizen, den zweiten Tag Roggen, den dritten Tag Hafer, den vierten Tag Gerste zu schneiden. Es wird dadurch auch Zeit eingespart, und im Winter, wenn die Leute auf den Feldern nichts mehr zu tun haben, können sie die ausgedroschenen Körner ausklauben und auf vier verschiedene Haufen werfen. Später wollen wir noch andere Vorkehrungen treffen, vor allem Vorsorge tragen gegen Hagelschlag; Getreide werden wir unter großen Schuppen oder Planen züchten, auch Kakao und Kaffee wollen wir an den südlichen Hängen säen und Hirse und Graupen auch. Die Landwirtschaft ist sehr vernachlässigt, aber ich hoffe, daß wir es mit gemeinsamen Kräften schaffen, sie binnen kurzem zur vollen Blüte zu bringen. Was das Geflügel anbelangt, so müssen wir auch da zweckmäßiger verfahren. Die Hühner müssen wir größer züchten, und zwar Gans und Huhn kreuzen und darauf achten, daß die Hähne die Jungen, wenn die Henne sie geworfen hat, nicht auffressen, wie das gelegentlich bei den Schweinen vorkommt. Sie suhlen im Dreck, werden unansehnlich, und das Fleisch verliert an Geschmack. Deshalb müssen Sie die Schweine mit Eisenlack bestreichen und ein paar Tage in der Nähe eines Ofens trocknen lassen. Die Schweine, die sich nur deshalb im Schmutz wälzen, weil ihnen ihre helle Farbe nicht gefällt, hören auf, sich zu suhlen, und werden wieder munter, sobald sie schwarz lackiert sind. Für die Kühe müssen Sie Dampfbäder einrichten, damit sie mehr Milch geben; wenn die Kühe gesünder sind, wird auch die Milch schmackhafter sein. So, mein lieber Herr Verwalter, nun leben Sie wohl, denken Sie nach über das, was ich mit Ihnen besprochen habe, und gehen Sie gewissenhaft an Ihre Arbeit.«

Der Herr Verwalter ging kurz darauf ins Wasser!

Ein Autor blutiger Romane

Bei uns im Hause wohnte Herr Peroutka. Er war ein sehr merkwürdiger Mensch, denn jedesmal, wenn er einem seiner Nachbarn begegnete, betrachtete er ihn aufmerksam von Kopf bis Fuß, wobei er lebhaft mit den Händen gestikulierte und zu sich selbst sprach, gleichzeitig aber auch etwas in sein Notizbuch eintrug. Herr Peroutka war nämlich Autor blutiger Romane, und er benutzte zur Schilderung seiner Gestalten alle bekannten Personen seiner Nachbarschaft. So zum Beispiel war der Klempner Karbus, der im zweiten Stock wohnte, der magere Bösewicht mit den langen Koteletten an den Wangen und mit der schüchternen Haarbürste auf dem Hinterkopf, der, der in dem Roman des Herrn Peroutka die Hauptrolle, den Räuber Vinanti, spielte, dessen Tochter Virginia den edlen Baron Macchiu heiraten sollte, dem wieder als Muster für seine Person der arme Professor im Erdgeschoß diente und den Herr Peroutka in einem Kapitel seines Romans: »Das Schicksal der roten Mühle an der Grenze oder die aristokratische Pompeia oder auch das Schicksal der eingemauerten Nonne Virginia, sonst die Geschichten in der Spelunke ›Beim letzten Henker‹«, beschrieb.

Der bescheidene Professor ahnte nicht, daß das, was Herr Peroutka schrieb, ihn schilderte: »Sich den Zwicker und seine tränenden Augen wischend, sah er mit seinen blauen Augen umher, wobei auf seinen unrasierten Wangen ein matter Ausdruck durchzechter Nacht in Gesellschaft von Frauen zweifelhaften Rufes zu bemerken war. Er trug einen seltsamen Rock. Den arg mitgenommenen Rockschößen war anzusehen, daß dieser junge Mann, der Baron Macchiu Inkognito, die ganze Nacht in der Gesellschaft von Räubern durchzecht hatte, die in der furchterregenden alten Burgruine der Ritter von Kveton Karten gespielt hatten.«

Auch der Kutscher vom Milchgeschäft Wanja, der ehrbare František Trachta, dem Herr Peroutka sehr oft begegnete, war dort genauso geschildert, wie er aussah, etwas dicklich, mit einem schwarzen Bärtchen unter der Nase, mit blutunterlaufenen Augen; und er diente als Modell für die Gestalt des allen Lesern jenes blutigen Romans bekannten Besitzers der Spelunke im Wald »Beim letzten Henker«, jenes Mörderbuben Resorcini. Den Namen Resorcini hatte Herr Peroutka einem Rezept des Herrn Professors Janovský entnommen, das ihm ausgestellt wurde, als er einst unter dem bekannten Leiden litt, das man vulgär Glatze und wissenschaftlich Seborrhoea capilli nennt.

Die Namen seiner Helden nahm Herr Peroutka so, wie sie ihm über den Weg liefen, und ganz besonders gern ließ er sich von ärztlichen Rezepten inspirieren. So nannte sich zum Beispiel in einem anderen seiner Romane ein Betrüger fürstlichen Geblüts, der siebzig Verwandte des Grafen Phonetika ums Leben brachte, um sich einer Erbschaft bemächtigen zu können, Rudolf Ulcus; sein Widersacher, ein echter Graf, wurde nach einem Rezept Mercurio genannt, weil ihm dieses Mittel einst für seinen Ulcus durum verschrieben wurde. Einem anderen Rezept entnahm er den Namen einer Tänzerin. Er kurierte nämlich seinen Magen mit Kamillentropfen, die er mit Wasser auflösen und nach folgendem ärztlichen Rezept einnehmen sollte: Spiritus herbi Camillae g 100,0. Aquae destillatae g 500,0.

Flugs benannte er daraufhin die Heldin seines Romans »Die erdrosselte Tänzerin in den Klauen von Kupplern« Camilla Aqua.

Mehrmals hatte ich Gelegenheit, hinter ihm zu gehen, und einmal konnte ich dabei belauschen, wie er mit sich selber sprach: »Ich muß das Hinrichtungsgerüst länger als drei Meter machen, damit der Verurteilte fliehen kann. Unter diesem Gerüst wird dann ein Brunnen sein, in den der Räuber springen kann. Mit Hilfe seiner Freunde, die als Henker verkleidet sind, wird er sich auf ein Pferd schwingen und sofort zur Teufelshöhle reiten und sich dort verstecken.« Er drehte sich plötzlich um und stieß mit mir zusammen. Ich wandte mich ebenfalls um und ging wieder hinter ihm her. Er aber fuhr in seinem lauten Selbstgespräch fort, bis sich die Leute umdrehten: »Es bleibt mir nichts anderes übrig, als diese russische Gräfin zu den Wölfen in die Wolfsgrube werfen zu lassen, und wenn die Wölfe sie gerade fressen wollen, lasse ich sie vom Förstergehilfen herausziehen, der die Ränke ihres Stiefonkels enthüllen wird. Das mache ich, das werde ich tun! Und ich muß es noch tun, bevor der Verleger kommt!« Er ging nach Hause, und ich ging ihm nach; wir wohnten nämlich nebeneinander, unsere Zimmer waren nur durch eine dünne Gipswand abgeteilt, so daß man jedes Wort gut verstehen konnte. Ich hörte das Gespräch, das er mit sich selbst führte, von dem folgende Sätze klar

bei mir zu hören waren: »Sollte ich vielleicht diesen Kommandanten der Piraten auf den Pfahl spießen lassen? Aber wie kriege ich ihn von diesem Pfahl wieder herunter? Das ist ein Problem! Ich muß ihn ja noch drei Jahre am Leben lassen! Ich werde es so machen, daß ich ihm bei lebendigem Leib die linke Hand durch einen wildgewordenen Stier abreißen lasse, an den sie ihn angebunden haben.«
Man hörte Klopfen, mein Nachbar rief »Herein«, und dann fuhr seine Stimme fort: »Meine Verehrung, Herr Verleger!« Danach hörte man ein tiefes Seufzen, und der Ankommende sprach mit einer Baßstimme: »Herr Peroutka, Sie machen nur lauter Mist. Warum haben Sie diesen Baron erschossen, konnten Sie ihn nicht anders aus dieser Welt schaffen? Das wird ja die Polizei gleich entdecken. Ich habe Ihnen schon vor 14 Tagen gesagt, daß Sie Curare oder Strychnin benutzen sollten. Sie hätten ihn auch erwürgen können!« Herr Peroutka sagte darauf: »Bei der Obduktion würde sofort das Strangula-

tionsmal am Hals entdeckt werden, darum hielt ich Selbstmord durch Erschießen für klüger. Sie haben doch den gefälschten Brief gelesen, Verehrtester, den der Erschossene hinterließ.« »Den Brief hätten Sie auch nicht schreiben sollen, es war zu eindeutig, daß er nicht zu diesem Lotterbuben paßt. Der hätte anders geschrieben sein müssen! Und dafür wollen Sie 20 Kronen Vorschuß haben? Kommt nicht in Frage!« Dann fiel die Tür ins Schloß, und nach einiger Zeit klopfte Herr Peroutka bei mir an. »Um Himmels willen«, jammerte er, »könnten Sie mir liebenswürdigerweise bis morgen drei Kronen leihen? Mein Verleger war hier. Ich habe in drei Monaten 82 Menschen aus dieser Welt geschafft durch Gift, Revolver, Dolch, Messer, Beil, Strick, ich habe sie in Schluchten geworfen, zerhackt, gevierteilt und in einer Waldhütte verbrannt, und dieser Lump erdenkt sich immer neue und neue Morde und will mir nicht einmal dafür, daß ich einen bei lebendigem Leibe auffressen ließ, einen Vorschuß geben.«

Unter Bücherfreunden

Das Ärgste, was einem Menschen passieren kann, ist, in die Hände einer Bibliophilen zu geraten, die in ihrem Salon Bücherfreunde um sich versammelt und literarische Abende veranstaltet, bei denen Tee gereicht wird, wobei auf jeden dieser Bücherfreunde zwei Kolatschen, das sind kleine runde Kuchen aus Hefeteig, entfallen.

Freilich hätte ich nicht zu diesem literarischen Abend bei Frau Herzanová gehen brauchen, aber schließlich wollte ich meinen Freund nicht enttäuschen, dem ich vor einiger Zeit weisgemacht hatte, ich besäße die persische Originalausgabe der Gedichte von Hafis, und zwar in Menschenhaut gebunden. Und mein Freund hatte dies nun bei den Bibliophilen her-

umerzählt, was genügte, daß die Förderin der Kunst, Frau Herzanová, den Wunsch aussprach, mich kennenzulernen.
Im Salon erwarteten mich zwölf Gesichter, aus denen die gesamte Weltliteratur auf mich herabblickte. Meine Ankunft wurde stürmisch begrüßt; und schließlich kann ein Mann mit Gedichten von Hafis, in Menschenhaut gebunden, wohl den Anspruch auf die doppelte Anzahl Kolatschen erheben.
Ich nahm mir also vier Kuchen vom Teller, woraufhin dem neben mir sitzenden Fräulein mit Brille nicht ein einziger verblieb. Das stimmte sie so traurig, daß sie von Goethes »Wahlverwandtschaften« zu plaudern begann.
Mein Gegenüber, ein Literaturhistoriker, richtete an mich die Frage: »Belieben Sie, Goethe ganz zu kennen?«
»Vom Scheitel bis zur Sohle«, antwortete ich würdevoll. »Er trägt gelbe Schnürschuhe und einen braunen Filzhut, ist Akziseeinnehmer und wohnt in der Karmelitergasse.«

Die Bibliophilen blickten mich mißbilligend an. Die Gastgeberin, die diese peinliche Lage überbrücken wollte, fragte rasch: »Sie interessieren sich doch sehr für Literatur?«
»Gnädigste«, entgegnete ich, »es gab eine Zeit, wo ich Romane gelesen habe, wie ›Die drei Musketiere‹, ›Unter der Maske der Liebe‹, ›Der Hund von Baskerville‹ und ähnliche mehr. Mein Nachbar sammelte für mich Zeitungsromane, und ich las an jedem Wochenende die jeweiligen Fortsetzungen alle auf einmal. Wie gesagt, für Literatur schwärmte ich sehr; so konnte ich zum Beispiel kaum erwarten, ob die Gräfin Leona wirklich diesen Zwerg Richard ehelichen würde, der aus Liebe zu ihr zum Mörder am eigenen Vater geworden war, weil dieser Vater ihren Verlobten aus purer Eifersucht erschossen hatte. Ja, Bücher wirken Wunder! Als ich mit mir uneins war, las ich den ›Jüngling von Messina‹. Mit neunzehn wurde dieser Jüngling zum Mörder. Er hieß Lorenzo. Ja, damals habe ich viel gelesen! Aber heute

ist mir einfach die Lust dazu vergangen.« Die Freunde der Literatur erblaßten, ein langer, hagerer Mann mit dem bohrenden Blick eines Untersuchungsrichters fragte streng und knapp: »Interessieren Sie sich für Zola?«
»Ich weiß nur wenig von ihm; er soll doch im Deutsch-französischen Krieg während der Belagerung von Paris gefallen sein.«
»Kennen Sie Maupassant?« fragte jener wütend weiter.
»Ich habe die ›Sibirischen Erzählungen‹ von ihm gelesen.«
»Da sind Sie aber im Irrtum«, mischte sich das neben mir sitzende Fräulein mit der Brille ein. »Die Sibirischen Erzählungen sind von Korolenko und Sieroszewski. Maupassant ist doch Franzose!«
»Und ich dachte, er sei Holländer!« sagte ich gelassen. »Wenn er aber Franzose ist, könnte er doch die Sibirischen Erzählungen ins Französische übersetzt haben.«
»Aber Tolstoi ist Ihnen nicht fremd?« fragte mich die Gastgeberin.
»Sein Begräbnis habe ich im Film gesehen.

Ein Chemiker wie dieser Tolstoi, der das Radium erfunden hat, hätte fürwahr ein würdigeres Leichenbegängnis verdient.«
Augenblicklich herrschte Stille. Der Literarhistoriker starrte mit blutunterlaufenen Augen auf mich und fragte dann voll Ironie: »Aber die tschechische Literatur dürften Sie doch kennen?«
»Ich besitze das ›Dschungelbuch‹, das wird Ihnen wohl genügen«, sagte ich mit Nachdruck.
»Aber das stammt doch von Kipling, einem Engländer!« stöhnte ein anderer und verbarg sein Gesicht in den Händen.
»Von Kipling war gar nicht die Rede«, entgegnete ich beleidigt; »ich sprach von dem Dschungelbuch, das Tuček geschrieben hat.«
Ich vernahm eine Stimme, die einem der Anwesenden deutlich hörbar zuflüsterte, ich müsse ein Trottel sein.
Ein bleicher Jüngling mit Künstlermähne und gefalteten Händen sagte mit nachsichtiger Stimme zu mir: »Sie haben die Schönheiten der Literatur nicht erfaßt!

Sie wissen offensichtlich einen guten Stil, eine brillante Satzfügung nicht zu schätzen und können sich für Lyrik wohl nicht begeistern. Kennen Sie übrigens den Vers von Liliencron, aus dessen Worten Sie die Schönheit der Natur erahnen: ›Mit dem Blick in blaue Fernen, mit dem Blick auf Gletscher, Firne, dunkle Wälder, in die Tale . . .‹?«
Des Jünglings Stimme trug ihn, er stützte sich auf die Schulter seines Nebenmannes und fragte: »Und wie steht es mit dem ›Feuer‹ von d'Annunzio? Wenn Sie diese wundervolle Schilderung venezianischer Feste gelesen hätten und dabei diesen herrlichen Liebesroman . . .«
Sein Blick hing starr am Gasstrumpf, seine Hand glitt abwartend über die Stirn.
»Ich habe Sie jetzt nicht ganz verstanden«, sagte ich. »Warum hat dieser d'Annunzio zu den Festen ein Feuer gelegt? Wieviel Jahre hat er denn dafür gekriegt?«
»D'Annunzio ist doch der berühmteste italienische Dichter«, erklärte mit Nachsicht das Fräulein mit Brille.

»Das ist sonderbar!« bemerkte ich mit unschuldiger Miene.
»Was ist daran sonderbar?« brüllte im wahrsten Sinne des Wortes ein Herr, der bisher geschwiegen hatte. »Kennen Sie überhaupt einen italienischen Dichter?«
Ich antwortete überlegen: »Robinson Crusoe.« Dabei blickte ich stolz auf die anwesenden Gäste.
Zwölf Literaturfreunde und Bibliophilen ergrauten in diesem Augenblick, und diese zwölf vorzeitig ergrauten Literaturfreunde und Bibliophilen warfen mich durch das im Erdgeschoß gelegene Fenster hinaus auf die Straße.

Statt eines Nachwortes: Zehn Ratschläge fürs Leben von Jaroslav Hašek

Es ist interessant, daß die meisten Menschen nicht selbst denken, sondern auf den Rat anderer warten. Ich erlaube mir daher, mehrere Ratschläge fürs Leben zu geben, und Sie werden sehen, es wird Ihnen sicherlich auf dieser Welt gefallen, wenn Sie sich ihnen unterordnen.

1. Freut euch und gebt euch glücklich!
Sollte uns selbst nichts Erfreuliches begegnet sein, sollten wir keinerlei Freuden haben, so finden wir einen schönen Ersatz in den Freuden anderer, damit wir nicht verlernen, uns zu freuen. Wenn jemand einen neuen Hut oder ein neues Kleid hat, so müssen wir ihm gratulieren, auch wenn wir ihn nicht weiter kennen. Wir schließen uns ihm auf der Straße an, stel-

len uns vor und begleiten ihn, wobei wir ununterbrochen unsere Freude darüber zeigen, wie gut ihm die Sachen stehen. Sollte er damit nicht einverstanden sein, so erklären wir, es sei unschön, daß er nicht erlaube, uns mit ihm zu freuen. Wir müssen uns an allem erfreuen, an den Blüten, am blauen Himmel, an den Wolken, an einem Schaufenster, am Lächeln der Vorbeigehenden, und wir müssen diese Freude mit den anderen teilen. Wir halten jeden auf der Straße an und sagen ihm: »Erlauben Sie, mein Herr (oder meine Gnädigste), wie schön heute die Sonne scheint und wärmt. – Seien Sie versichert, Verehrtester, daß ich eine unbändige Freude darüber verspüre, daß dort oben auf dem Dach eine Katze läuft. – Verehrtester, ich erlaube mir, mich Ihnen vorzustellen und Ihnen mitzuteilen, daß ich am heutigen Morgen einen Herrn mit einem phantastischen Vollbart traf, weiß wie Milch. Ich hatte tatsächlich Freude an seinem Bart, und ich erlaube mir, Ihnen diese Freude mitzuteilen.«

Sollten Sie dabei zur Seite gezogen werden und in eine Zwangsjacke gesteckt, so müssen Sie sich freundlich geben, um den Übeltätern diese Freude nicht zu verderben.

2. Lacht nicht über fremdes Unglück!

Häufig geschieht es, daß wir Zeuge fremden Unglücks sind. In so einem Fall müssen wir gefühlvoll sein. Sehen wir zum Beispiel, daß die Straßenbahn jemandem beide Beine abgefahren hat, so dürfen wir ihn nicht auslachen und ihn dabei fragen, womit er jetzt Fußball spielen wird! Hüten wir uns, lächerliche Bemerkungen zu machen. Fährt ein Lastwagen jemandem den Kopf ab, so dürfen wir ihn nicht in die Hand nehmen und ihn abwiegen. Es stimmt, daß so ein abgefahrener Kopf einem zartbesaiteten Menschen oft eine ungewöhnliche Prüfung auferlegt. Versuchen Sie jedoch zu bestehen, und vermeiden Sie grobe Bemerkungen. Das Leiden Ihres Mitbürgers darf Ihnen niemals lächerlich sein. Wenn zum Beispiel jemand ertrinkt und dabei Grimassen macht, so dürfen Sie nicht lauthals lachen. Wenn Sie sich nicht zurückhalten können, gehen Sie in so einem Fall lieber fort. Lachen Sie nicht den Heimgesuchten aus! Wenn ein Theater brennt, so behalten Sie alle Bemerkungen für sich. Ein wirklich gebildeter Mensch lacht nicht über das geschwollene Maul eines Menschen, der Zahnschmerzen hat, er macht sich keinen Spaß aus einem Begräbnis oder gar einem Eisenbahnunglück.

3. Geht nicht in der Nacht in das Dienstmädchenzimmer!

Wenn Sie verheiratet sind, so seien Sie überzeugt, daß Ihnen keine Ehefrau vergeben wird, wenn Sie nachts in das Zimmer Ihres Dienstmädchens einzudringen versuchen. Auf jeden Fall müssen Sie irgendeine Ausrede zur Hand haben, allerdings hält davon jedoch keine Ehefrau etwas. Sich herauszureden, daß Sie das Dienstmädchen kontrollieren gingen, ist Blödsinn. Davon zu sprechen, daß Sie das Dienstmädchenzimmer mit Ihrem Schlafzimmer verwechselten, ist wenig einfallsreich. Die Ausrede, daß Sie mondsüchtig seien, verrät, daß Ihr Hirn erweicht. Für die beste Ausrede halte ich die Erklärung, daß Sie dort ein Taschentuch vergessen haben.

4. Flucht nicht!
Ein gemeiner Fluch verletzt sehr oft. Wir müssen stets bedenken, daß man den Menschen mit einem Fluch beleidigen kann. Schimpfworte wie »Ochse« oder »Kuh« sollten im Gespräch nicht benutzt werden. Über die Wirkung von Flüchen ist zu wenig bekannt. Glauben Sie nicht, wenn Sie jemanden beleidigen, er sei ein Idiot, weil er nicht darauf reagiert. Es stimmt schon, daß es Leute gibt, die im Leben so oft beschimpft wurden, daß sie mittlerweile eine Elefantenhaut haben, aber das sind Ausnahmen, das betrifft nur Abgeordnete, Politiker und öffentlich tätige Menschen. Die meisten von ihnen sind aus dem Parlament an Beschimpfungen

gewöhnt. Wir müssen uns jedoch dessen bewußt sein, daß das Leben kein Parlament ist, wo Beschimpfung zur politischen Debatte gehört. Außerhalb des Parlaments auf die Bahn der Gemeinheit einzuschwenken, zeugt von geringer Intelligenz. Außerdem müssen wir uns doch eingestehen, daß die Flüche, die wir benutzen, von wenig Geschmack zeugen. Meist sind wir mit irgendeinem ganz ungewöhnlichen Fluch zufrieden, wir platzen damit heraus, ohne darüber nachzudenken, daß auch beim Fluchen eine gewisse Eleganz möglich ist und daß sich so manches mit gewählten Worten sagen läßt. Warum sollte man sagen: »Sie sind dumm wie Bohnenstroh«, wenn es sich auch so formulieren läßt: »Mir scheint, Sie lehren auch ein Schaf apportieren.« Ich empfehle, die gemeinen Flüche zu meiden und mehr in Aphorismen zu sprechen, mit denen man sehr vieles ausdrücken kann. Ein Aphorismus schmerzt nicht so sehr, und man kann nur schwer darauf antworten, und im Streit ist Ihnen der Sieg sicher.

Jemandem zu sagen: »Lauf mir bloß nicht wieder über den Weg, du Idiot«, ist nicht so elegant wie die Worte des Denkers Thomas Carlyle: »Das Vorteilhafteste ist jetzt, sich nicht in dem Bereich unseres Sonnensystems zu zeigen, sondern prüfen, ob es nicht für Sie irgendwo einen verfaulten Planeten gibt.« Um sich in hartnäckigen Fällen das Fluchen abzugewöhnen, versuche man es mit Arsenpillen. Es wird Ihnen gelingen, nur noch bei der ersten zu fluchen.

5. Geht nicht mit trübsinnigem und unfreundlichem Gesicht umher!

Wenn es eine Selbstverständlichkeit wäre, müßte man uns nicht beim Photographieren daran erinnern, ein freundliches Gesicht zu machen. Wir sollten bedenken, daß es nichts Häßlicheres gibt, als finster dreinzuschauen, wenn uns ein Unglück ereilt. Betrachtet man die erfreuliche Seite der Dinge, wird man beglückt und nicht mißmutig sein, wenn die eigene Frau mit einem anderen durchbrennt. Verlieren Sie

Ihr Vermögen, sollten Sie von Herzen darüber lachen. Führt man Sie zum Galgen, so erzählen Sie dem Priester Witze, lachen Sie, und geben Sie sich gelassen.
Unser Glück müssen wir hegen, und das wird uns jene ruhige Zufriedenheit einbringen, mit der wir der ganzen Welt entgegenlachen, die unser Herz mit Sanftmut erfüllt.

6. Kauft nicht die Katze im Sack!
Die Katze ist kein so ängstliches Geschöpf, wie wir gemeinhin annehmen. Ist sie gereizt, so beißt, faucht und spuckt sie und leistet Widerstand. Darum müssen wir sehr vorsichtig sein, falls wir eine Katze im Sack kaufen, damit sie uns nicht beißt, wenn wir sie aus dem Sack herauslassen wollen. Eine Katze kann mit ihrem Gebiß der menschlichen Gesundheit schaden. Einen Hasen in-den-Sack-stecken, ist Tierquälerei. Man braucht nicht darüber zu sprechen, daß wir auch betrogen werden können, weil im Sack ein Hase und nicht eine Katze sein könnte.

7. Je mehr man auf euch einredet, um so weniger redet!

Will dich zum Beispiel der Vater einer erwachsenen Tochter, hinter der du her bist, mit einem Wortschwall zur Verlobung nötigen, so mußt du bedenken, daß ein reeller Kaufmann nicht viel spricht. Du mußt dir vergegenwärtigen, wie groß der Schaden, den du mit übereilter Entscheidung verursachst, sein könnte, und das nur durch das viele Reden dieses Schwätzers. Nimm den Hut, geh ohne ein Wort und kehr nie wieder zurück. Beobachte so einen Quasselfritzen, der dir die Tochter aufdrängt, mit absoluter Ruhe. Sprich um so weniger, je mehr der Vater spricht. Ähnlich verhalte dich auch deiner Ehefrau gegenüber. Laß sie reden, soll sie doch ermüden und ihre Energie entladen. Geh dabei im Zimmer umher und pfeif eine Melodie aus irgendeiner Operette. Laß dich nicht durch ihren Wortschwall hinreißen. Laß sie nur angreifen, sie wird schon ermüden. Sprich nichts. Sollte es dich langweilen, so verhalte dich wie im ersten Fall. Nimm den Hut und geh. Auch vor Gericht sprich nicht viel. Denk daran, daß viele Leute nur deswegen eingesperrt wurden, weil sie zuviel geredet haben.

8. Verschiebt im Zorn gefaßte Entscheidungen!

Es gibt Menschen, die sehr leicht in Zorn geraten, und nicht jeder kann seine Wut bremsen, wenn ihm aus einem Fenster ein Blumentopf auf den Kopf fällt, wenn ihm versehentlich Vitriol ins Gesicht gespritzt wird oder wenn man irrtümlicherweise eine Gerte auf seinem Rücken in Stücke schlägt. Bedenken Sie, daß es keine Genugtuung bringt, sofort für Vergeltung zu sorgen, und daß es wichtig ist, nichts zu übereilen. Geschieht zum Beispiel, daß Ihnen ein Athlet aus Versehen auf den Fuß tritt, so könnten Sie es in Ihrer Unbedachtsamkeit mit Gleichem vergelten wollen, und zurück bliebe von Ihnen nur noch ein zusammengeschlagenes Häufchen. Halten Sie sich entschieden zurück, seien Sie nicht brutal. Denken Sie daran, daß der

Gedanke: »Ich muß ihn erschlagen« unschön ist und daß es noch unschöner ist, weitreichende Vorbereitungen zur Verwirklichung Ihrer Absicht zu tun. Berücksichtigen Sie stets, daß sich unsere Gerichtsbarkeit und die Sicherheitsorgane auf solch einem Stand der Entwicklung befinden, daß sie Sie erwischen und hinter Gitter bringen werden.

9. Erzählt euren Freunden nicht von häuslichen Schwierigkeiten!

»Wissen Sie, daß der Herr Professor gestern betrunken war und im Gasthaus verdroschen wurde und daß ihn seine Frau, als er nach Hause kam, nicht in die Wohnung ließ und er die Nacht im Hausflur verbringen mußte? Er hat es mir heute erzählt«, teilte mir ein guter Freund des Professors mit. Ich konnte nicht an mich halten und erzählte die Geschichte weiter, und bald wußte es die ganze Stadt.
Jawohl, meine Freunde, so geschieht es, wenn wir unsere häuslichen Schwierigkeiten unseren Freunden erzählen. Tun

Sie das niemals. Verschweigen Sie eisern, was gestern mit Ihnen los war. Nur so werden Sie das vermeiden, was jener Herr Professor nicht vermieden hat.

10. Helft nicht, solange sich der um Hilfe Bittende selbst helfen kann!
Ich kannte einen Menschen, der beim Kartenspiel seinem Gegenspieler Geld lieh und sich sehr wunderte, daß er verlor, obwohl er gewann.

Es gibt viele Ratschläge fürs Leben. Diese hier sind nur einige Beispiele, eine Anregung. Sie werden sehen, daß Sie für jede Situation einen passenden Rat finden können. Ein jeder wird es Ihnen danken, wenn Sie ständig mit gutem Rat zur Hand sind, denn jeder Mensch will beraten und geführt werden. Wir müssen die Menschen, wenn sie sich sträuben, zwingen, unsere Ratschläge anzuhören. Wir müssen erfinderisch in unseren Ratschlägen sein, erst dann können wir zufrieden feststellen, daß wir nicht umsonst gelebt haben, daß wir Tausenden Rat geben konnten, wie sie zu leben haben.

Kleine Anleitung zur Aussprache der tschechischen Namen

Im Tschechischen ruht die Betonung auf der ersten Silbe
á, é, í, ó, ú und ý sind lange Vokale
a, e, i, o, u und y sind kurze Vokale
ou ist ein Diphtong (o + u)
Laute, die vom deutschen Alphabet abweichen:
c – tz
č – tsch
d' – dj
ě – je
ň – nj
ř – Verschmelzung von r und sch
s – stimmloses s
š – stimmloses sch
t' – tj
z – stimmhaftes s
ž – stimmhaftes sch (Journal)
ch – immer wie deutsch ch (ach)